TANGSHENG XUEFA

唐生学法 第二辑

福建省晋江市
人民检察院 ◎编

中国检察出版社

图书在版编目（CIP）数据

唐生学法.第二辑/福建省晋江市人民检察院编.
—北京：中国检察出版社，2020.5
ISBN 978-7-5102-2425-6

Ⅰ.①唐… Ⅱ.①福… Ⅲ.①法律—中国—通俗读物
Ⅳ.① D920.5

中国版本图书馆 CIP 数据核字（2020）第 065509 号

唐生学法（第二辑）
福建省晋江市人民检察院　编

出版发行：	中国检察出版社
社　　址：	北京市石景山区香山南路 109 号（100144）
网　　址：	中国检察出版社（www.zgjccbs.com）
编辑电话：	（010）86423749
发行电话：	（010）86423726　86423727　86423728
	（010）86423730　68650016
经　　销：	新华书店
印　　刷：	北京联合互通彩色印刷有限公司
开　　本：	889mm×1194mm　32 开
印　　张：	2.5
字　　数：	20 千字
版　　次：	2020 年 5 月第一版　2020 年 5 月第一次印刷
书　　号：	ISBN 978-7-5102-2425-6
定　　价：	20.00 元

检察版图书，版权所有，侵权必究
如遇图书印装质量问题本社负责调换

目录

第一回：作弊风波 /1
　　芳芳有约——考试作弊 /10

第二回：老板，让我们两不相欠 /25
　　芳芳有约——恶意欠薪 /34

第三回：馒头的秘密 /51
　　芳芳有约——食品安全 /61

第一回：作弊风波

唐生拿着手机打开网上招聘软件，在里面刷到一份招聘启事。

在培训班试讲时，唐生实力碾压了补习班的四大金牌讲师！

培训班工作人员十分崇拜唐生，纷纷给他献上金牌、鲜花。

第一回：作弊风波

唐生被录用为培训班讲师。
课堂上,挥毫泼墨,侃侃而谈。

课后，一位学生"唐唐我宣你[①]"在微信上私聊他。

下午2:13

唐唐我宣你

> 唐老师，你知道世界上最冷的地方是哪里吗？

> 是没有如花的地方，不好意思，让你见笑了。

> 老师，如花是谁啊，你女朋友？

[①] 我宣你，意为我喜欢你，来源于台湾腔。台湾人把"喜欢"二字连在一起读，而形成了"宣"的读音。

第一回：作弊风波

老师,有一群在学海苦苦挣扎的孩子需要您的帮助。

有套试题好多问题都做不出答案,老师能帮我们看看吗?

唐老师这么厉害,帮我们做出答案也就几分钟的事。

好的,没问题!

您帮了大忙!发您红包表达我的心意呢!

红包就不必了!小事一桩。

 唐生学法(第二辑)

唐生佯装答应,
但还是决定去找爱豆①芳芳检察官……

---

① 爱豆,网络流行语,英文 idol 的音译,意为偶像。

芳芳有约

本期话题——考试作弊

这又是什么案件?

且听我道来!

随着考试作弊泛滥,《刑法修正案(九)》增加了组织考试作弊等犯罪。

组织考试作弊罪
"在法律规定的国家考试中……"

第一回:作弊风波

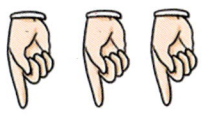

......

多谢芳芳女神指点！

考试前一天……

下午2:13

唐唐我宣你

星期日3:00

试题
23.5K
微信电脑版

唐老师，这是试题，尽快做完给我哦 ❤️❤️❤️

好嘞，保证按时交货。

星期一12:00

"答案"
23.5K
微信电脑版

第一回：作弊风波

文档打开一看……

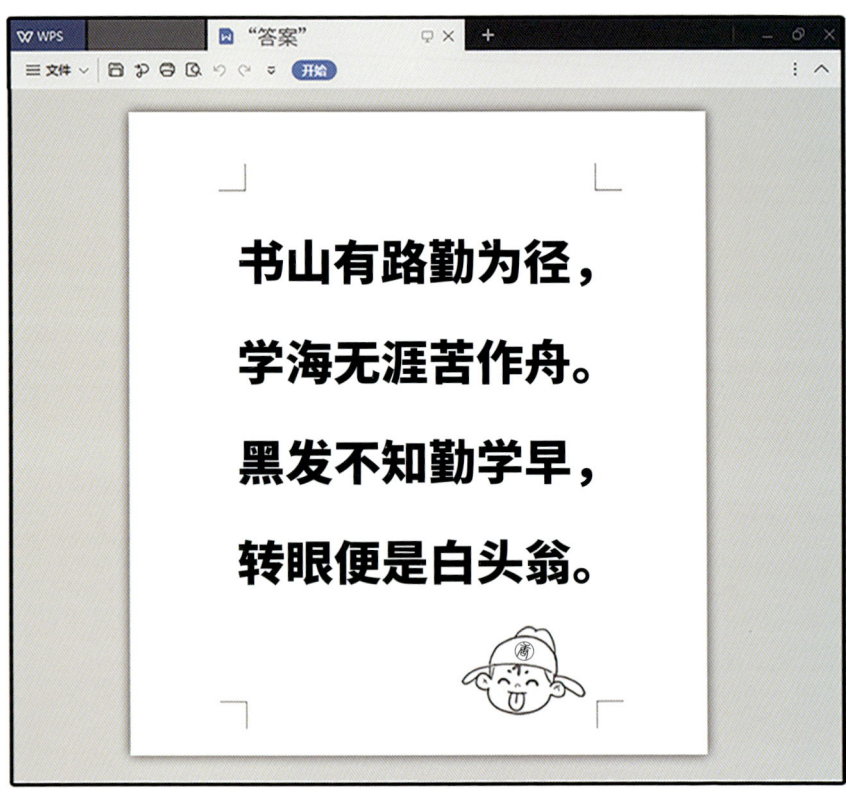

书山有路勤为径，
学海无涯苦作舟。
黑发不知勤学早，
转眼便是白头翁。

精彩待续……

第二回：
老板，让我们两不相欠

---

① Too young too simple，网络流行语，意为太年轻、太天真。

第二回：老板，让我们两不相欠

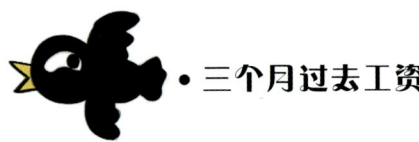

① 吃土，网络流行语，指穷到没钱吃饭，只能吃土。

第二回：老板，让我们两不相欠

唐生到人社局申请劳动仲裁

法院发现老板有转移资产行为

老板的工资还是迟迟没发下来

唐生忍无可忍向法院申请强制执行

将线索移送公安机关

案件移送检察院审查逮捕

检察院依法严厉打击欠薪

老板被逮捕了

第二回：老板，让我们两不相欠

黑心老板受到制裁后，血汗钱也回到了员工们的手里。

银行账户到账 24000 元。
备注：六个月工资

第二回：老板，让我们两不相欠

芳芳有约

本期话题——恶意欠薪

芳芳，你能给我讲解一下我们老板的罪名吗？

首先，劳动报酬包括以下几种：

第二回：老板，让我们两不相欠

你老板触犯了拒不支付劳动报酬罪。

确实太可恶了，用尽方法赖账！

是呀，他实力上演了逃薪三十六计。

逃薪三十六计

第一计：走为上计——逃跑

第二计：空城计——藏匿

第三计：苦肉计
——各种借口推托支付

我太南①了

再缓缓

等欠账还了我就给

上有老下有小

---

① 南，网络流行语，同"难"。

第二回：老板，让我们两不相欠

第四计：瞒天过海
——隐匿财产、恶意清偿

第五计：偷梁换柱
——虚构债务、虚构破产、虚假倒闭

第六计：笑里藏刀
——有能力支付而不支付

 ……

不过,任他有逃薪三十六计,也逃不过法律的"五指山"!

太好了!法律是个好东西。

拒不支付劳动报酬罪有啥法律后果呢?

罪轻的处3年以下有期徒刑或者拘役,并处或者单处罚金;造成严重后果的,处3年以上7年以下有期徒刑,并处罚金。

当然，我们鼓励尽早支付所拖欠的工资。

立案前支付并赔偿
　　　　　　——可以不立案

提起公诉前支付并赔偿
　　　　　　——可以减轻或免除处罚

判决前支付并赔偿
　　　　　　——可以从轻处罚

第二回：老板，让我们两不相欠

在此奉劝各位老板——

认罪认罚

早点给钱 安稳过年

逃薪无涯 回头是岸

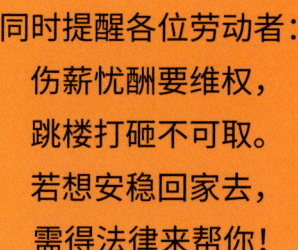

同时提醒各位劳动者：
伤薪忧酬要维权，
跳楼打砸不可取。
若想安稳回家去，
需得法律来帮你！

精彩待续……

第二回：老板，让我们两不相欠

第三回：馒头的秘密

一天,唐生在大街上看到一家馒头店大排长龙。

啊!这是我偶像发明的美食——馒头!

馒头起源于1700多年前,是诸葛亮为了祭奠战死他乡的将士,用来替代真人祭祀的"假人头"。①

唐生敬佩诸葛亮一生为复兴汉室鞠躬尽瘁,偶像的美食当然要支持!

---

① 馒头是一种传统面食,有观点认为馒头是三国时期诸葛亮发明的。

唐生决心拜师学艺，把偶像的手艺学到手！

第三回：馒头的秘密

第三回：馒头的秘密

① 真香,网络流行语,主要用来表示某人预计的事情和最后的结果截然不同的一种心理状态。

厨房内……

> 发酵粉、秘密配方倒入面粉拌匀,加入糖水慢慢和面至均匀状态,发酵30分钟后切小块,蒸20分钟……

面粉、糖适量、发酵粉适量、水适量、"秘密配方"

第三回:馒头的秘密

芳芳有约

本期话题——食品安全

第三回：馒头的秘密

含铝泡打粉在体内会积聚毒素，添加含铝泡打粉的行为是国家明令禁止的。你师父的行为，可能构成生产、销售有毒、有害食品罪！

偶像诸葛亮发明馒头的初衷是不想伤害无辜的人，现在竟有人用馒头捞钱害人！我偶像怕是要被气活了！

......

火锅店……

第三回：馒头的秘密

没有什么计策是吃一顿火锅想不出来的,如果有,那就吃两顿!

诸葛亮

诸葛先生,今日我们就来盘点火锅的雷区①吧!

---

① 雷区,网络流行语,指埋藏地雷的危险地区,引申为危险的、应该避免的情形。

底料必备：辣椒

雷区：色彩艳丽、没有斑点的辣椒可能添加了硫黄

火锅伴侣：丸子

雷区：过度弹牙的丸子可能添加了硼砂

第三回：馒头的秘密

口感担当：牛肚

雷区：色泽太白的牛肚可能泡过双氧水、甲醛和工业碱

素菜灵魂：海带

雷区：颜色特别绿的海带可能用硫酸铜泡过

养颜神物：木耳

雷区：两面都黑的木耳可能被硫酸镁泡过

碳水供给：面条

雷区：拉不断的面条可能添加了甲醛

第三回：馒头的秘密

生产、销售有毒、有害食品罪，罪轻的处5年以下有期徒刑，并处罚金；

造成严重后果，处5年以上10年以下有期徒刑，并处罚金；

致人死亡或者情节特别严重的，处10年以上有期徒刑、无期徒刑或者死刑，并处罚金或者没收财产。

对于此类危害人们身体健康，损害公共利益的行为，我们还有一副"三国杀"——

杀

检察机关可以依法提起民事公益诉讼

赔礼道歉 + 损害赔偿金 + 销毁处理费用

第三回：馒头的秘密

行政责任：食品行业从业禁止

——纳入黑名单

杀

检察机关对怠于履行监管责任的部门提起行政公益诉讼

该副"三国杀"还可以用于环境污染、假酒假药、文物保护等其他损害公共利益的范畴。

第三回：馒头的秘密

飞 鸽 传 书

2019年12月1日,新《食品安全法实施条例》正式施行。若您发现侵害食品领域公共利益的线索,请拨打"12309"速速来报!